小跳豆 Jumping Bean 幼兒自理故事系列

我會自己收拾玩具

U0111516

新雅文化事業有限公司
www.sunya.com.hk

小跳豆
幼兒自理故事系列

跟着跳跳豆和糖糖豆一起學習照顧自己！

　　自理能力，是指憑自己的能力來獨立完成事情。在孩子學習自理的過程中，不單是訓練他們的日常生活技能，也是培養他們的責任感和自信心。因此，家長要懂得適時放手，相信孩子的能力，而且要把握關鍵的時機，在 2 至 3 歲開始教導孩子基本的自理能力，讓他們不再依賴。

　　《小跳豆幼兒自理故事系列》共 6 冊，由跳跳豆和糖糖豆透過貼近生活的圖畫故事，帶領孩子一起學習自己進食、刷牙、上廁所、收拾玩具，並養成良好的作息和主動做功課的習慣，提高孩子對各種自理能力的認識及實踐的動機。

　　書後設有「親子小遊戲」，以有趣的形式培養和鞏固孩子的自理能力。「自理小貼士」提供一些實用性建議予家長，有效幫助孩子養成良好習慣。

　　在孩子學習自理的過程中，難免會遇到困難，家長可以耐心地鼓勵他們嘗試自己解決，讓他們有進步的空間，在面對困難和挫折中學會成長。

新雅・點讀樂園 升級功能

讓親子閱讀更有趣！

　　本系列屬「新雅點讀樂園」產品之一，若配備新雅點讀筆，爸媽和孩子可以使用全書的點讀和錄音功能，聆聽粵語朗讀故事、粵語講故事和普通話朗讀故事，亦能點選圖中的角色，聆聽對白，生動地演繹出每個故事，讓孩子隨着聲音，進入豐富多彩的故事世界，而且更可錄下爸媽和孩子的聲音來說故事，增添親子閱讀的趣味！

　　「新雅點讀樂園」產品包括語文學習類、親子故事和知識類等圖書，種類豐富，旨在透過聲音和互動功能帶動孩子學習，提升他們的學習動機與趣味！

想了解更多新雅的點讀產品，請瀏覽新雅網頁（www.sunya.com.hk）或掃描右邊的QR code進入 新雅・點讀樂園 。

如何使用新雅點讀筆閱讀故事？

1. 下載本故事系列的點讀筆檔案

1 瀏覽新雅網頁(www.sunya.com.hk) 或掃描右邊的QR code 進入  。

2 點選 下載點讀筆檔案 ▶ 。

3 依照下載區的步驟說明，點選及下載《小跳豆幼兒自理故事系列》的點讀筆檔案至電腦，並複製至新雅點讀筆的「BOOKS」資料夾內。

2. 啟動點讀功能

開啟點讀筆後，請點選封面右上角的 新雅·點讀樂園 圖示，然後便可翻開書本，點選書本上的故事文字或圖畫，點讀筆便會播放相應的內容。

3. 選擇語言

如想切換播放語言，請點選內頁右上角的 粵 ☆ 普 圖示，當再次點選內頁時，點讀筆便會使用所選的語言播放點選的內容。

4. 播放整個故事

如想播放整個故事，請直接點選以下圖示：

5. 製作獨一無二的點讀故事書

爸媽和孩子可以各自點選以下圖示，錄下自己的聲音來說故事！

1. 先點選圖示上 爸媽錄音 或 孩子錄音 的位置，再點 OK，便可錄音。

2. 完成錄音後，請再次點選 OK，停止錄音。

3. 最後點選 ▶ 的位置，便可播放錄音了！

4. 如想再次錄音，請重複以上步驟。注意每次只保留最後一次的錄音。

跳跳豆和糖糖豆都喜歡玩玩具車，
家裏堆滿了各式各樣的玩具車，
有巴士、計程車、火車等等……
他們喜歡在地上駕駛車子，
讓車子像在路上來回穿梭似的。

每當媽媽叫他們收拾玩具時，
跳跳豆總會說：
「我們每天都玩車子，
不用把它們放進玩具箱吧？」
糖糖豆也會跟着說：
「是呀！這裏就是停車場，
是用來停泊車子的！」

星期六，跳跳豆和糖糖豆邀請了
小紅豆來家裏玩。
「叮噹！」門鈴一響，
小紅豆來了！
糖糖豆立即跑去開門。
「小紅豆，歡迎你！」糖糖豆說。

「哎呀！」小紅豆突然大叫。
原來，小紅豆才剛踏進客廳
就滑倒了，
她一腳踏在地上的一輛
玩具車上。

跳跳豆和糖糖豆連忙扶起小紅豆，
可是小紅豆哭個不停，
還嚷着要回家。
跳跳豆和糖糖豆都覺得
很對不起小紅豆。

過了幾天，跳跳豆和糖糖豆
又邀請了脆脆豆來家裏玩。
在脆脆豆來到之前，
他們先把玩具車排列得整整齊齊，
脆脆豆說：「嘩！你們有這麼多
玩具車，真漂亮呀！」
跳跳豆和糖糖豆聽了很高興！

脆脆豆提議説：「不如我們
來玩飛行棋吧！」
糖糖豆連忙到房間裏去找飛行棋，
可是，房間裏的地上堆滿了玩具，
她找來找去也找不到。
跳跳豆也打開凌亂的抽屜找找看，
但是他也找不到。

「啊！在這裏呀！」
終於，糖糖豆在牀下發現了
一盒飛行棋。
她打開盒子一看，
裏面只有棋盤和幾隻棋子，
脆脆豆說：「你們把玩具隨處亂放，
棋子不齊全了，怎麼辦呢？」

這時，媽媽走進來說：
「請你們先把玩具收拾好吧，
脆脆豆，請你也來幫忙收拾好嗎？」
脆脆豆說：「好呀！我家的玩具
是很整齊的。」

媽媽説：「你們可以把玩具分類，
再放到不同的箱子內，
就容易找到玩具了。」
糖糖豆説：
「好！就按這個方法來收拾吧！」

這時，跳跳豆抱着他的小積木車，
悶悶不樂的。

媽媽問：「跳跳豆，你怎麼了？」

跳跳豆説：「我很喜歡這輛積木車，
我不想把它拆掉放到箱子裏。」

媽媽笑着説：「原來是這樣！
我們可以把你的車子展示出來的！」

於是，大家高高興興地
把所有玩具分類，
並且放得整整齊齊的，
大家都覺得很滿意。

親子小遊戲

小朋友，我們來玩「把玩具送回家」的遊戲。請把下列玩具分類，並把代表玩具的英文字母填在合適的箱子中。

A.

B.

C.

D.

E.

F.

1.
娃娃箱

2.
積木箱

3.
車子箱

答案：1.B,C 2.D,F 3.A,E

30

養成收拾好習慣！

🫘 要培養孩子自己收拾的好習慣，父母可以從培養孩子自己收拾玩具開始：先找來一些箱子給孩子作玩具箱，並協助孩子在箱子上貼上圖畫或文字來標示不同玩具的類別。

🫘 教導孩子把玩具分類，例如：車子、積木、音樂玩具等，然後告訴孩子：每件玩具都有一個「家」，當你每次玩完玩具後，都要把玩具帶回屬於它的「家」。

🫘 如果孩子的玩具太多，父母可以把家中的玩具分批收藏好，然後每隔兩個星期左右更替一次玩具箱，以保持孩子對玩具的新鮮感，同時也可減輕孩子自行收拾的難度。

🫘 隨着孩子的成長，有些玩具可能不再適合孩子玩了，父母可以和孩子一起檢視他的玩具，看看會否把玩具送給更有需要的人，以延續玩具的生命及價值。

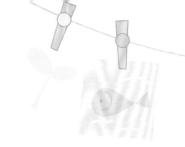

小跳豆幼兒自理故事系列

我會自己收拾玩具

原著：楊幼欣

改編：新雅編輯室

繪圖：何宙樺

責任編輯：趙慧雅

美術設計：陳雅琳

出版：新雅文化事業有限公司

香港英皇道499號北角工業大廈18樓

電話：(852) 2138 7998

傳真：(852) 2597 4003

網址：http://www.sunya.com.hk

電郵：marketing@sunya.com.hk

發行：香港聯合書刊物流有限公司

香港荃灣德士古道220-248號荃灣工業中心16樓

電話：(852) 2150 2100

傳真：(852) 2407 3062

電郵：info@suplogistics.com.hk

印刷：中華商務彩色印刷有限公司

香港新界大埔汀麗路36號

版次：二〇二一年三月初版

二〇二三年五月第三次印刷

ISBN: 978-962-08-7577-9

© 2021 Sun Ya Publications (HK) Ltd.

18/F, North Point Industrial Building, 499 King's Road, Hong Kong

Published in Hong Kong SAR, China

Printed in China